SNEAKY PRESS

A catalogue record for this work is available from the National Library of Australia.

ISBN 9781922641854

Sneaky Press is the imprint of Sneaky Universe.
www.sneakyuniverse.com
First published in 2023

Sneaky Press
Melbourne, Australia.

El Libro de Datos Aleatorios del Cerebro

Sneaky Press

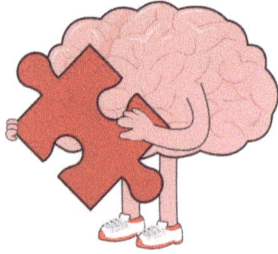

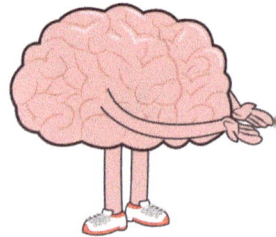

Contenido

Datos aleatorios sobre el cerebro humano

El cerebro humano promedio mide 167 mm de largo, 140 mm de ancho y 93 mm de alto.

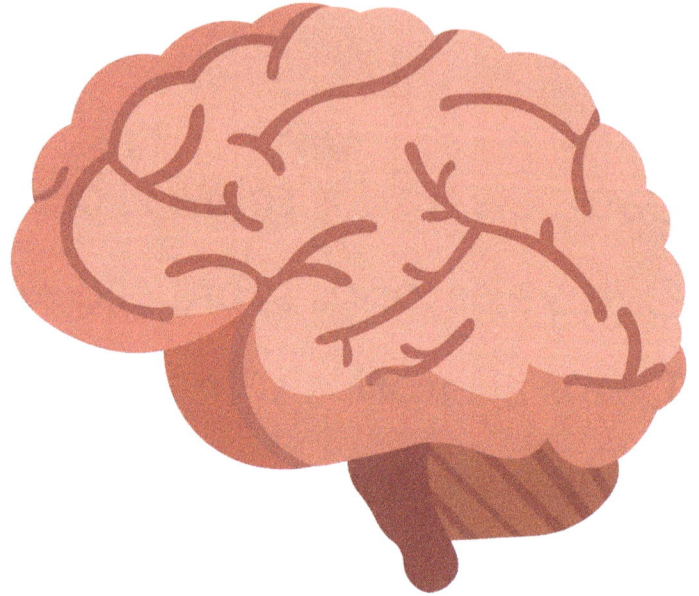

¡La mayoría de las personas tienen alrededor de 70,000 pensamientos cada día!

El cerebro humano tiene alrededor de 100,000,000,000 (100 mil millones) de neuronas, sí, 1 con 12 ceros.

El cerebro de una mosca contiene solo 337,856 neuronas, aproximadamente el 0.0003% del número de neuronas en un cerebro humano.

El cerebro humano se triplica en tamaño en el primer año de vida.

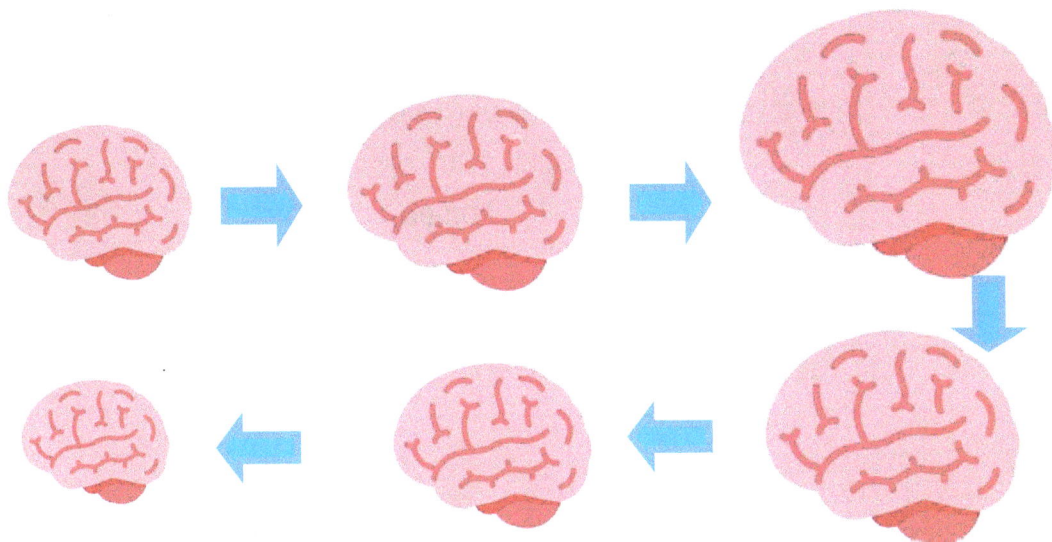

El cerebro encoge su masa en un cuarto de punto porcentual (0.25%) anualmente después de los 30 años.

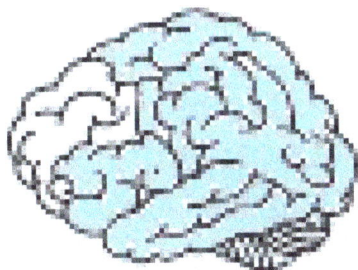

Aproximadamente el 75 por ciento del cerebro humano está compuesto por agua.

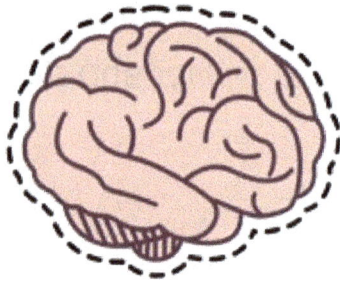

promedio

más pequeño
que
el promedio

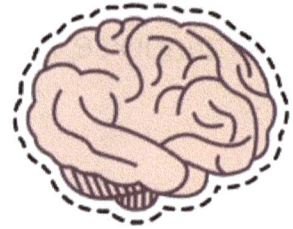

El cerebro humano más pesado jamás registrado pesó alrededor de 2300 gramos.

El cerebro promedio pesa alrededor de 1400 gramos. El cerebro del gran físico Albert Einstein pesó 1,230 gramos.

El paradero del cerebro de Albert Einstein se desconoció durante más de 20 años.

Un cerebro humano usa menos energía que una luz de refrigerador cada día: 12 vatios de energía.

Esa es la misma cantidad de energía contenida en dos plátanos grandes. Aunque esto puede parecer muy eficiente en términos de energía, es un devorador de energía.

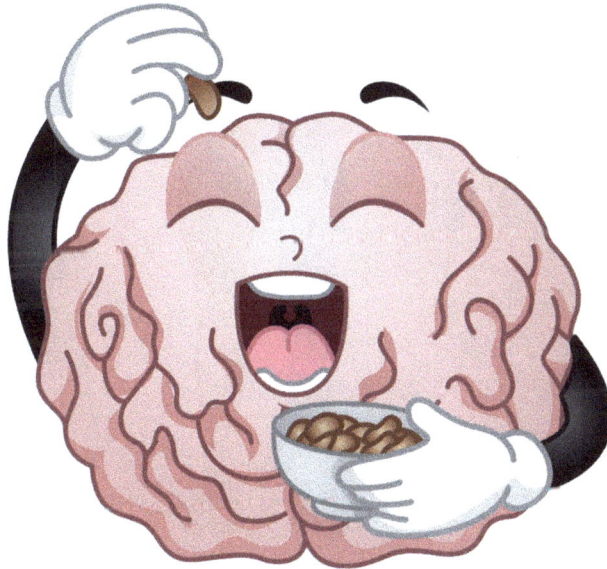

Es solo el 3 por ciento del peso del cuerpo pero consume el 17 por ciento de la energía total del cuerpo. También utiliza entre el 15 y el 20% del suministro de oxígeno del cuerpo.

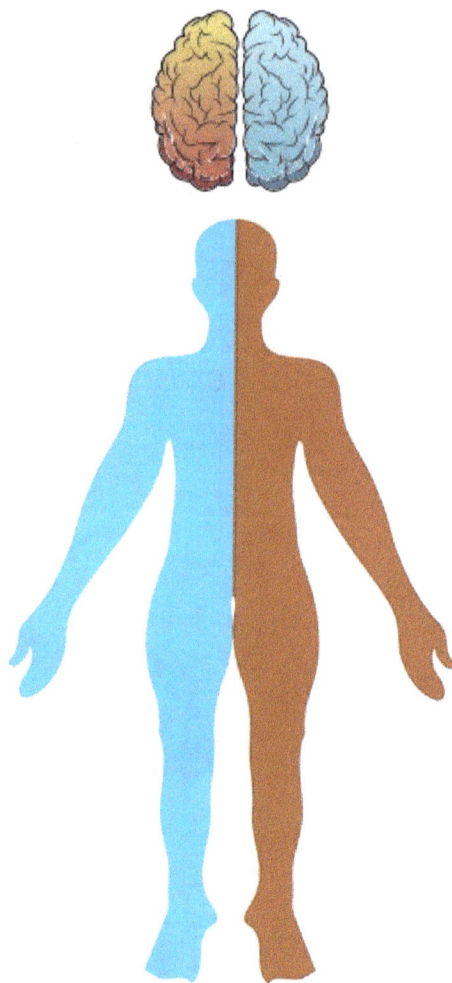

El lado derecho de tu cerebro controla el lado izquierdo de tu cuerpo y el lado izquierdo del cerebro controla el lado derecho del cuerpo.

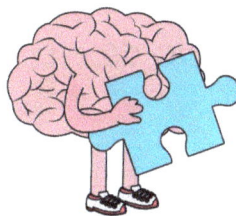

Datos aleatorios sobre el cerebro animal

El cerebro de una abeja obrera solo pesa aproximadamente 1 miligramo

El cerebro de un koala adulto pesa aproximadamente 19 gramos.

Un cerebro promedio de gato doméstico pesa aproximadamente 30 gram

El cerebro de un tiburón blanco grande pesa menos de 45 gramos. Casi 20% de este pequeño cerebro para una criatura tan grande está dedica al sentido del olfato.

El cerebro promedio de una orca pesa aproximadamente 5,000 gramos

Un cerebro promedio de elefante pesa aproximadamente 6,000 gramos

El animal con el cerebro más grande es el cachalote. Pesa aproximadame 9,000 gramos.

El esófago (la parte del cuerpo que conecta la boca con el estómago) atraviesa el cerebro de un pulpo.

Datos aleatorios sobre el estudio del cerebro

El estudio de la estructura del cerebro (y del sistema nervioso) se llama neurociencia.

La psicología es el estudio de cómo el cerebro afecta el comportamiento.

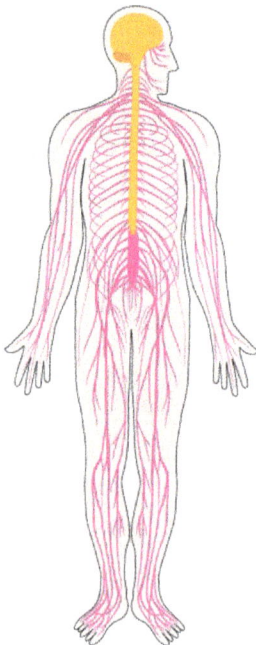

El cerebro es parte del sistema nervioso central que también consta de la médula espinal.

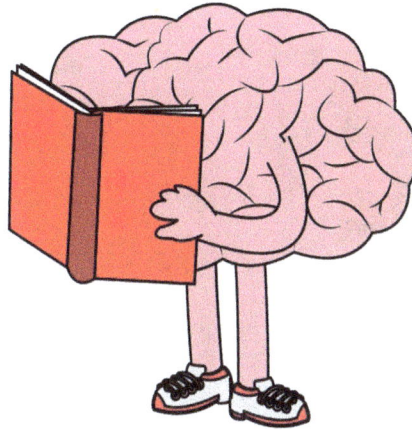

Hay más de 7,000 cerebros en un Banco de Cerebros en Harvard utilizados para investigación.

Hubo cirugías cerebrales exitosas desde la Edad de Piedra.

El "congelamiento cerebral", el dolor de cabeza que a veces tienes cuando comes algo frío tiene el nombre científico de "Sphenopalatine ganglioneuralgia".

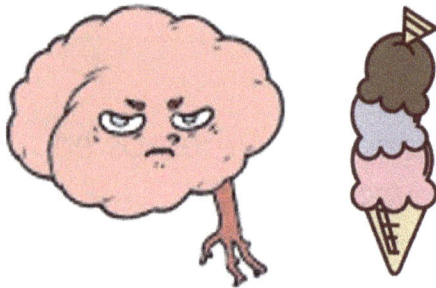

La actividad eléctrica en el cerebro se registró por primera vez en 1875.

El cerebro produce una variedad de ondas cerebrales según cuán alerta esté una persona.

Cuando estás despierto y alerta, tus ondas cerebrales son pequeñas y frecuentes; a estas se les llama ondas Alfa.

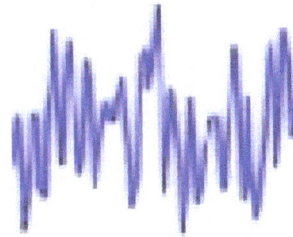

Cuando estás casi dormido, tus ondas cerebrales son más altas y un poco más lentas; a estas se les llama ondas Theta.

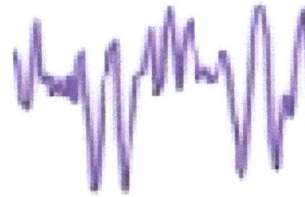

Cuando estás en un sueño profundo, tus ondas cerebrales son las más altas y lentas; a estas se les llama ondas Delta.

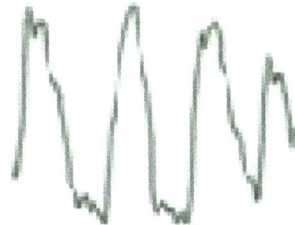

Antiguas creencias sobre el cerebro

El insomnio (no poder conciliar el sueño) podría ser curada colocando un cuerno de cabra debajo de la cabeza de una persona mientras duerme.

La ansiedad causada por las pesadillas desaparecería si una persona le contara al sol sobre sus sueños.

Frotar los dientes de leche con el cerebro de un conejo es un antiguo remedio popular que se cree que previene la caries dental.

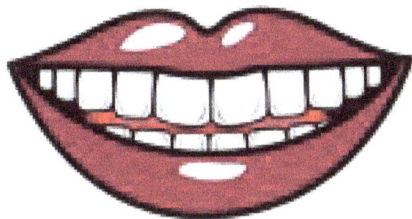

El antiguo filósofo griego Aristóteles creía que el cerebro era un dispositivo de enfriamiento para el cuerpo humano.

Más datos aleatorios del Cerebro

El 4 de marzo de 2001, el neurocirujano Dr. Scott R. Gibbs infló por primera vez un globo aerostático de 9 pisos de altura con forma de cerebro.

El Dalai Lama tiene un modelo de plástico del cerebro en su escritorio en casa.

Hay más de 100 películas con la palabra cerebro en el título.

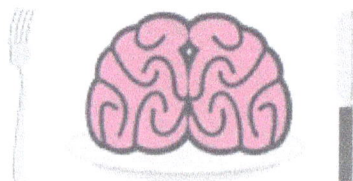

En el siglo III, se rumoreaba que el emperador romano Elagabalus habían sido servidos 600 cerebros de avestruz en una sola comida.

Minerva era la antigua diosa romana de la sabiduría y la guerra. Era hija de Júpiter y nació cuando saltó del cerebro de Júpiter una adulta vestida con armadura.

Los egipcios solían extraer los cerebros por la nariz durante el proceso de momificación.

El primer uso registrado de la palabra cerebro fue escrito alrededor del 1.700 a.C.

William Shakespeare usa la palabra cerebro 66 veces en sus obras.

Acertijos cerebrales

1. Me mojo más cuanto más me seco.
   ¿Qué soy?

2. Tengo una cara y dos manos, pero no brazos.
   ¿Qué soy?

3. Subo todos los días. Nunca bajo.
   ¿Qué soy?

4. Tengo muchas llaves, pero no puedo abrir ninguna cerrad
   ¿Qué soy?

5. Tengo un pulgar y cuatro dedos, pero no estoy vivo.
   ¿Qué soy?

6. Estoy lleno de agujeros, pero aún puedo contener agua.

¿Qué soy?

7. Te sigo y copio cada uno de tus movimientos, pero nunca puedes tocarme ni atraparme.

¿Qué soy?

8. Soy un edificio con miles de historias.

¿Qué soy?

9. Cuanto más me quitas, más grande me hago.

¿Qué soy?

10. Cuanto más nos andas, más dejas atrás.

¿Qué somos?

Respuestas a acertijos cerebrales

1. Una toalla
2. Un reloj
3. Tu edad
4. Un piano
5. Un guante
6. Una esponja
7. Tu sombra
8. Una biblioteca
9. Un agujero
10. Huellas

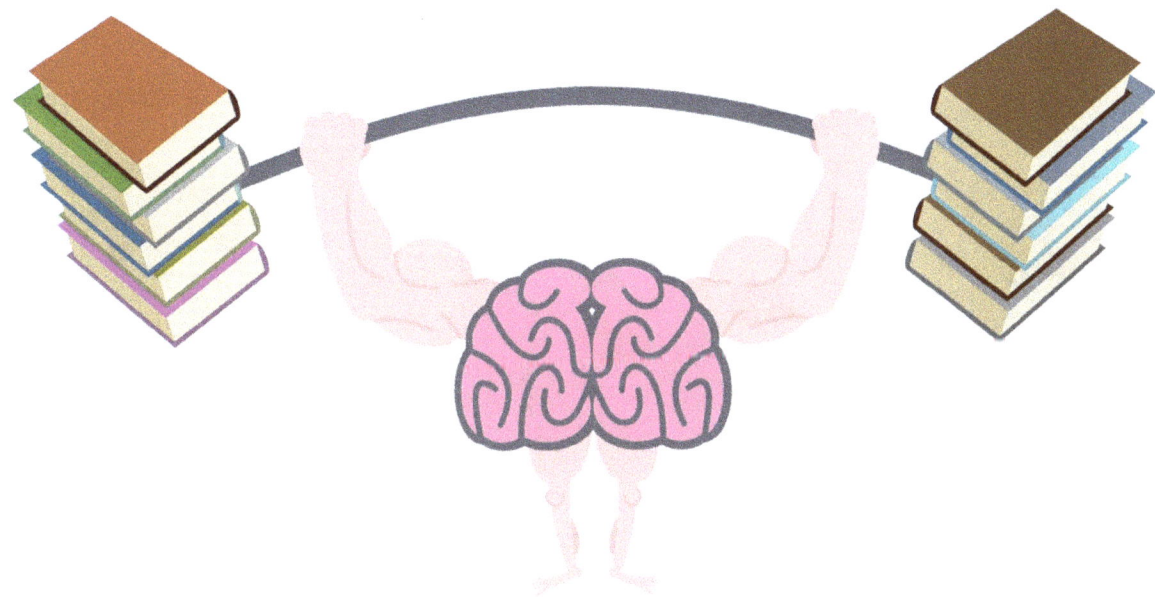

Otros títulos en la serie Datos Aleatorios

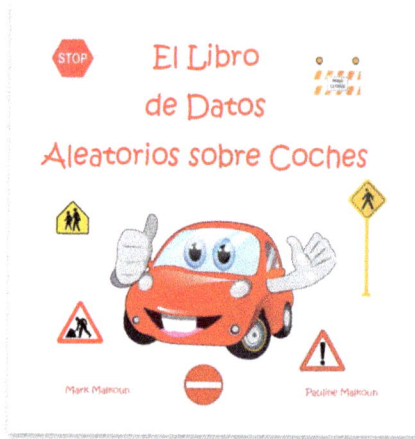

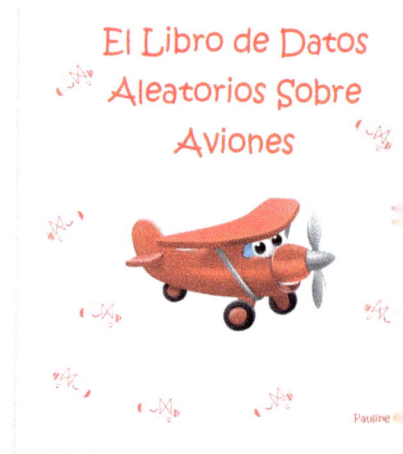

El Libro de Datos Aleatorios sobre Coches

Mark Malkoun   Pauline Malkoun

El Libro de Datos Aleatorios Sobre el Lenguaje

Pauline Malkoun

El Libro de Datos Aleatorios Sobre Aviones

Pauline

El Libro de Datos Aleatorios del Espacio

Pauline Malkoun

El Libro de Datos Aleatorios del Sueño

Pauline Malkoun

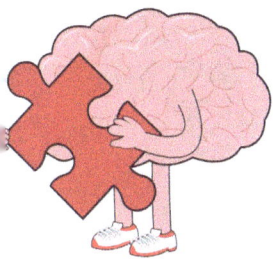

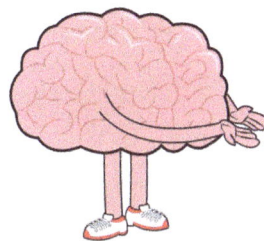

www.ingramcontent.com/pod-product-compliance
Lightning Source LLC
Chambersburg PA
CBHW080429030426
42335CB00020B/2654